Couvertures supérieure et inférieure
manquantes

GUISCARD

ANCIEN ET MODERNE

CHEF-LIEU DE CANTON

(OISE)

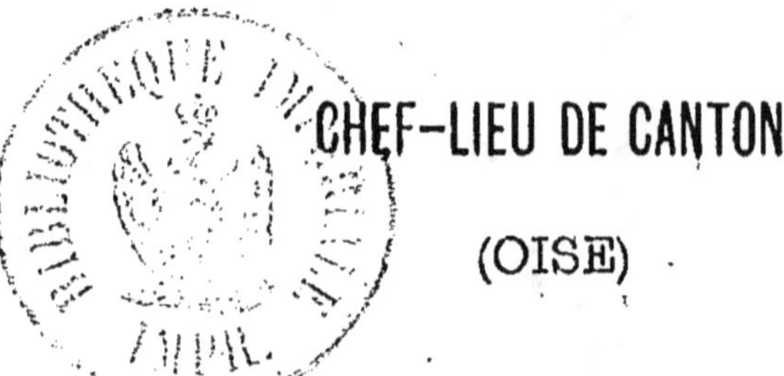

Par O. GOBERVILLE

Instituteur public.

COMPIÈGNE

IMPRIMERIE ET LITHOGRAPHIE DE FERDINAND VALLIEZ

Rue des Petites-Écuries, 18.

—

1866

—

PREMIÈRE PARTIE

GUISCARD ANCIEN

I. — Guiscard, Magny, que l'on trouve écrit des manières suivantes : Guiscart, Magny, Maigni, Magny-Guiscard (*Guiscardum*, *Magniacum*), entre Flavy, le Plessis-Patte-d'Oie, Berlancourt, au Nord ; Villeselve, Guivry (Aisne), Béaugies, à l'Est ; Quesmy, Crisolles, au Midi ; Muirancourt, Fréniches, à l'Ouest.

On appelle Magny la partie du bourg bâtie au nord de la Verse, et l'on réserve le nom de Guiscard pour l'autre partie.

II. — D'où vient le nom de Magny ?

Voici la réponse : Les noms des localités viennent ou de leurs sites, ou de leurs productions, ou enfin de quelques circonstances particulières. Ici, le nom de Magny vient du site de cette localité qui a donné lieu au ruisseau qui la traverse.

Le nom de Magny se traduit en latin par *Magniacum*, mot composé d'un substantif et d'un adjectif : le substantif Acum vient du grec Αχα, d'où est descendu le nom latin *Aqua*, et d'où s'est formé en français d'abord Aque, puis Aigue, et enfin eau, en usage aujourd'hui. L'eau est donc l'origine du nom de Magny, en Picardie, aujourd'hui Guiscard, chef-lieu de canton.

Guiscard était renfermé dans l'étendue du pays de Vermandois, dépendance de la seconde Belgique, qui formait dès le temps des Romains une province dont la ville de Saint-Quentin était la capitale et qui fut ensuite comprise dans la haute Picardie.

D'après un manuscrit de Quentin de La Fons, le Vermandois formait une province distincte comme le Remois, le Soissonnais et autres qui étaient conduits et gouvernés selon les lois anciennes des Gaules, par les principaux chefs d'entre eux, qui commandaient plutôt par l'autorité de leur personne que par droit de puissance et de seigneurie; ainsi la ville de Saint-Quentin étant le chef-lieu de tout le pays, devait être gouvernée et conduite par les principaux chefs gaulois qui y faisaient leur demeure et qui avaient le soin particulier de tout ce qui concernait leur république.

Après que Jules César eut conquis les Gaules et eut réduit le Vermandois sous la domination de l'empire romain, cette ville capitale du pays, fut aussi contrainte de reconnaître les empereurs pour ses seigneurs et souverains. Peu de temps après, sous le règne d'Auguste César, les Veromandius ayant rétabli leur ville, qui avait souffert de grands dommages de guerres précédentes, changèrent son nom en celui d'*Auguste de Vermandois*, par suite de la résidence qu'y faisait le préfet de guerre de l'empereur Auguste, leur nouveau prince et seigneur. Ainsi elle était sous la puissance des empereurs Dioclétien et Maximien, au temps que saint Quentin, patron de l'église de Guiscard, y endura le martyre et la mort pour la religion de Jésus-Christ. Elle demeura sous la domination des Romains qui envoyèrent des préfets de guerre pour la gouverner et défendre, ce qui se continua pendant quatre cents ans, jusqu'à ce que les Francs, s'étant rendus maîtres du Vermandois, en enlevèrent la possession aux Romains.

III. — Epoque celtique et anciennes communications romaines.

A une époque dont il serait difficile de fixer la date précise, le territoire de Guiscard fut envahi par les Celtes ou Gaulois, peuples barbares chez qui la domination romaine ne pénétra qu'après le commencement de notre ère. Les Druides, ministres, n'avaient point de temples; ils se réunissaient dans de sombres forêts. Leurs monuments étaient des masses informes, des rochers alignés, superposés les uns aux autres en forme de galeries ou de tables. Ces tables paraissent avoir servi d'autels sur lesquels on égorgeait ou on brûlait des victimes humaines en l'honneur des idoles. Les forêts épaisses qui couvraient toute la contrée de Guiscard, entretenaient parmi les habitants ces instincts sauvages et voilaient les hideux mystères de leur culte féroce. L'établissement du Christianisme dans les Gaules mit fin à cette religion grossière.

Nous trouvons dans notre canton peu de monuments celtiques, les édits des empereurs et les capitulaires des rois francs ayant ordonné de les détruire ; mais on y voit à Guiscard, Beaugies et Crisolles, des tombelles que les peuples du Nord élevaient sur les cendres de leurs braves. La tombelle de Guiscard, mentionnée dans divers ouvrages, présente une circonférence d'environ 190 mètres ; celle de Crisolles est de forme conique déprimée et n'a que 90 mètres environ.

Vers Beaugies, on remarque des débris d'une espèce de redoute en terre ; on a retrouvé dans ce village, à une assez grande profondeur, les restes d'une chaussée pavée ; ces vestiges paraissent indiquer une localité dont l'importance a surpassé celle d'un simple village.

Au hameau de Beines, vers le Nord-Est, on a trouvé, par suite du défrichement des bois, plusieurs petites meules à broyer.

A Crisolles, au sommet de la montagne, il y avait dans les bois un château nommé l'Epinette, dont l'emplacement occupait près de deux hectares : détruit depuis des siècles, on a trouvé dans les fondations, à diverses reprises, des vases de terre cuite, des monnaies de cuivre, des médailles d'argent, etc.

A Solente, on a recueilli, en différents temps, des médailles, des mors en fer, des fers de lance, des épées brisées et autres débris d'armures. Ce village fortifié était un poste militaire dans l'une des expéditions romaines contre la Gaule Belgique ; sa proximité de la ville de Roye, poste important dans les guerres de cette époque, l'a exposé à de grands ravages.

Anciennes communications romaines. — Noyon était la station Noviomagus que l'itinéraire d'Antonin place sur la voie de Soissons à Amiens, entre *Suessones* (*Soissons*) à 27 mille pas, et *Ambianos* à 34 mille.

La ligne portant, en 1788, le n° 16, route de Paris à Chauny, était combinée avec le système de défense militaire des frontières du Nord ; le chemin de Nesle à Chauny, qui traverse le canton de Guiscard, était classé comme l'un de ses embranchements. Elle a été faite sous le règne de Louis XIV. L'ancien chemin qui l'a précédé était qualifié route de Noyon à Guise. Il est connu sous le nom de vieux chemin de Noyon à Babœuf en de voie pallée.

Parmi les voies romaines qu'Agrippa, général romain, fit ouvrir dans les Gaules, on peut encore signaler les anciens chemins suivants remarquables à un titre quelconque : 1° la chaussée de Noyon à Nesle, traversant le territoire de Beaurains, c'est une voie romaine authentique qui allait par Beaulieu et Ognolles, dans le pays de Santerre ; 2° l'ancien chemin de Noyon à Emery-Hallon, qui sortait de Noyon par le vallon de Pomotier, passait à Tarlefesse, puis entre Genvry et Crisolles, à Muirancourt et à Fréniches. Il était fort usité avant que la route de Paris à Saint-Quentin eut été ouverte, entre Noyon et Ham.

La route départementale, n° 2, de Soissons à Amiens, plus habituellement nommée de Noyon à Roye, appartient pour une petite longueur au canton dont elle traverse du Sud-Est au Nord-Ouest la région orientale. Elle parcourt une partie du territoire de Sermaize, et sert ensuite de limite entre une autre partie, le territoire de Catigny et le canton de Lassigny. Son développement entier est de 5,350 mètres environ sur une seule droite ; la chaussée est un empierrement calcaire. On croit que cette route a été construite sur la voie romaine qui allait de Soissons (*Augusta Suessorum*) à Roye (*Rodium*). Le chemin de Solente à la forêt de Beaulieu, remarquable par sa largeur, porte le nom de chemin de César ; il existe encore des vestiges d'ouvrages en terre, ressemblant à la ceinture dont sont entourés les camps romains.

IV. — Le Vermandois sous les premiers rois francs.

Clodion fut le premier seigneur du Vermandois ; il chassa toutes les garnisons romaines en 443.

Mérovée, son fils, agrandit royaume en 453 ; Childebert,

héritier des conquêtes de son père Mérovée, eut immédiatement en sa possession le Vermandois. Il mourut fort jeune, laissant pour successeur Clovis, son fils unique. Celui-ci combattit en 489 contre Siagrius, fils de Gilles, lieutenant des empereurs romains, et le contraignit de s'enfuir. Depuis, s'étant saisi de sa personne, il lui fit trancher la tête dans la prison et chassa tous les Romains hors des Gaules. Clovis laissa quatre enfants mâles : Thierry, Clodomir, Childebert, Clotaire. Après sa mort (514), le royaume de France fut divisé en quatre royaumes; par ce partage le royaume de Soissons, qui comprenait le Vermandois, échut à Clotaire Ier. Depuis, ses trois frères étant morts sans enfants mâles, ces quatre royaumes furent réunis en un seul comme avant la mort de Clovis, son père. Clotaire Ier, à sa mort, en 561, laissa quatre enfants mâles, qui divisèrent de nouveau son royaume en quatre parties. Le royaume de Soissons échut à Chilpéric Ier, son dernier fils. Sigebert Ier, son frère, roi de Metz, lui ayant fait la guerre, envahit tout son pays et se rendit maître de notre contrée ; mais lorsqu'il pensait assiéger son frère Chilpéric en la ville de Tournay, il fut tué par deux soldats apostés par Frédégonde, femme de Chilpéric. Celui-ci sortit aussitôt de Tournay, et, se remettant en campagne, recouvra son royaume en l'année 578, et rentra ainsi en possession de la ville capitale du Vermandois. Il fut lui-même assassiné peu après (584), laissant un jeune enfant nommé Clotaire, âgé de quatre mois, qui succéda à tous ses États et seigneuries, et même après plusieurs traverses et batailles, réunit enfin toute la monarchie française sous sa puissance, en 613, à la mort de Thierry II. Depuis, il n'a pas été parlé du royaume de Soissons, mais le royaume de France fut divisé autrement en deux parties, l'Austrasie et la Neustrie. L'Austrasie était la France orientale, appelée aussi quelquefois le royaume de Metz; elle comprenait toute la Lorraine, une partie de la Bourgogne, etc. La Neustrie était la France occidentale; elle comprenait le Vermandois et tout ce qui était auparavant attribué au royaume de Soissons.

V. — Établissement des Ducs, Comtes, etc.

Les Normands, après avoir causé de grands dommages

à nos pays et à la ville capitale du Vermandois, durant le ıxᵉ siècle, ne l'avaient pas occupée plus que les Vandales et les Huns ne l'avaient fait pendant le vᵉ siècle. Mais la ville, qui n'avait point été enlevée aux rois de France par les barbares, le fut bientôt après par les seigneurs français qui en avaient le gouvernement. Cela ne se fit pourtant pas par la voie de la guerre ni par la force des armes, mais par une usurpation appuyée sur la puissance et l'autorité de leurs charge et condition. Pour mieux comprendre cette usurpation, il faut savoir que les empereurs romains ne pouvant vaquer eux-mêmes au gouvernement de toutes les provinces soumises à leur empire, envoyaient en divers endroits des hommes de qualité avec charge de gouverner les provinces et leurs principales villes. Les Gaules ayant été conquises par les Francs, les rois, imitant la conduite des Romains, établirent des ducs, des comtes en plusieurs lieux, pour y avoir le soin, tant de ce qui était du fait de la guerre que pour y rendre la justice aux peuples qui demeuraient dans l'étendue de leurs provinces ou cités. Notre pays, le Vermandois, eut alors ses comtes qui faisant leur résidence habituelle dans la capitale. Ces ducs et comtes n'étaient proprement, dès leur première institution, que des commissaires envoyés comme gouverneurs des duchés et comtés, et que les rois changeaient selon qu'ils le jugeaient à propos ; aussi, nous trouvons plusieurs comtes envoyés dans le Vermandois pour en avoir le soin et l'administration, mais pourtant toujours sous la puissance et souveraineté des rois qui les avaient établis. (*Manuscrit de Quentin de La Fons, par Ch. Comart.*)

Sur le déclin de la deuxième race, pendant les divisions qui arrivèrent après la mort du roi Louis-le-Bègue, plusieurs des plus grands seigneurs francs que les rois avaient fait ducs ou comtes, profitant de la faiblesse des rois, s'approprièrent la seigneurie des lieux dont ils n'avaient que le gouvernement. Au lieu de simples officiers qui pouvaient être changés, ils devinrent maîtres et seigneurs des diverses provinces du royaume. Chacun prit sa part de ce qui pouvait l'accommoder, et, ne se contentant pas de s'approprier ainsi les charges qu'ils tenaient à vie, les transforma en charges perpétuelles et héréditaires et comme en fiefs. C'est ainsi qu'on les fit passer, par succession ordinaire, à ses enfants, de la même façon que les autres biens qui leur appartenaient, soit de patrimoine ou d'acquisition. Le roi Charles-le-Simple fut contraint d'agréer cette usurpation qu'il ne pouvait empêcher, tant à cause de son bas âge et de son impuissance, que pour la considération de ce qu'il avait été établi dans la possession de son royaume par les grands.

VI. — Château-Fort de Magny.

Ce château consistait en une grande construction bâtie en pierres et briques, cour, avant-cour, basse-cour, pont-levis, fossés, parterre, jardins, parc, canaux, etc.

VII. — Seigneurs.

Simon de Magny vivait en 1155.

Robert de Magny, en 1163; il épousa Marie; puis, en 1169, Emmeline.

Jean de Magny, en 1179, fils de Robert et d'Emmeline.

Abraham de Magny, en 1165, fut moine de Saint-Eloi de Noyon.

Simon de Magny, en 1179, eut deux fils :

Robert de Magny, cité plus haut, que l'on croit fils de Simon.

Geoffroy de Magny, en 1231, épouse Doléline.

Renaut, dit le Flamenc, seigneur de Magny et de Varennes, mourut sans enfants. Il était fils de Raoul le Flamenc, troisième du nom, seigneur de Cany, qui vivait en 1199, et d'Hodierne.

Renier de Magny et Mauduite, sa femme, souscrivirent un acte, en 1201. En 1204, elle paraît comme dame de Nampcel et de Magny. Elle hérita de Guy de Coucy, son neveu, mort sans enfants. A cette époque, Renier, son mari, accomplissait un pèlerinage à Jérusalem.

En 1211, Mauduite, châtelaine de Coucy, alors veuve de Renaud de Magny, souscrivit une charte conjointement avec ses enfants qui étaient :

Renaud, chanoine de Noyon, puis châtelain de Coucy; Ade, qui épousa Jean de Coudren; Emmeline, épouse de Geoffroy de Ham, comtesse, épouse de Geoffroy de Cella; A. Arnould de Magny, seigneur de Nampcel; elle eut encore un fils nommé Jehan, mort en 1198.

Renaud de Magny, échanson de Senlis, maréchal du comte Henri, tué à la prise de Ptolémaïs, est cité par Michaud, dans son *Histoire des Croisades.*

Marie de Magny, veuve de Collard de Marteville en 1259. (*Collielle.*)

Magny fut possédé par des seigneurs qui en prirent le nom jusqu'au xiiie siècle. La seigneurie passa successivement aux maisons de Marteville, d'Hangest, de Boissy-Bonnivet, d'Ongnies, d'Ailly, de Chaulnes. En 1699, le duc de Chevreuse vendit la terre au comte Louis de Guiscard.

On trouve dans l'histoire de Saint-Quentin :

« Guillaume d'Hangest, bailli de Vermandois en 1300, Jehan d'Hangest, évêque de Noyon, en 1515 ; de Chevreuse, Guillaume, chanoine de Saint-Quentin en 1336 ; de Marteville, garde de la Monnaie du roi de Saint-Quentin en 1411 ; Louis d'Ongnies, chevalier, seigneur de Chaulnes, commandant de 50 hommes d'armes des ordonnances du roi, nommé le 26 janvier 1560 gouverneur de Saint-Quentin et ensuite gouverneur de la Picardie... »

VIII. — Marquisat de Guiscard.

En janvier 1703, le roi, voulant donner une marque de son affection à Louis de Guiscard, lieutenant-général, fils du sous-gouverneur de Louis XIV, réunit à la seigneurie de Magny celle de la ville de Chauny, avec les paroisses de Beaugies, Berlancourt, Bélancourt-en-Vaux, Coudren, Frières, Guivry, Maucourt, Muirancourt, Neuflieu et Vouel, pour ne faire qu'un corps de marquisat sous le nom de Guiscard, auquel celui de Magny fut commué. Les lettres-patentes furent enregistrées au Parlement le 20 avril 1705.

En 1705, la commune reçut le nom de Guiscard dans les actes publics ; mais il a fallu l'intervalle d'un siècle pour que cette nouvelle dénomination fût généralement adoptée.

Le Marquisat avait un hôtel, pour sa justice particulière, à Chauny. En 1708, la fille du marquis de Guiscard ayant épousé Louis-Marie duc d'Aumont, le Marquisat passa dans cette maison, dont les chefs se plurent à faire de cette terre un très beau domaine.

L'ancien château-fort dont il est parlé plus haut fut remplacé par une construction moderne, aussi remarquable par ses vastes proportions que par son élégance. On creusa plusieurs étangs, on planta un parc de 150 hectares d'étendue et on le peupla d'une grande quantité d'arbres exotiques.

En 1823, Mme la duchesse de Valentinois vendit le domaine à M. le baron Oberkampf, qui restaura le parc et le château abandonnés pendant l'intervalle de la révolution, et y ajouta de nouveaux embellissements.

Cette propriété a encore changé de maître en 1831 ; elle a été partagée; les deux tiers démolis, les étangs desséchés et le parc abattu. Trois grands pavillons restent seuls debout, comme pour attester l'ancienne magnificence d'un domaine dont les circonstances ont amené la destruction.

IX. — Dates des Événements dignes de mémoire.

860. — Les Normands dévastèrent les bords de l'Oise et de la Picardie. Beaucoup d'habitants périrent ; tout le pays subit des ravages incalculables.

915. — Les Normands désolèrent encore nos villages.

1314. — Règlement pour les Monnaies.

1358. — Les Anglais, étant maîtres de plusieurs châteaux, pillèrent la contrée de Magny.

1359. — Réunion à Noyon des trois Etats de la province de Picardie, afin de délibérer sur la destruction de plusieurs châteaux et sur la réparation des dommages énormes causés par le soulèvement populaire connu sous le nom de Jacquerie.

1370. — Robert Knolles, commandant anglais, parcourant la Picardie avec 12,000 hommes, incendia Solente et beaucoup de villages voisins.

1406. — Tout le pays, entre Roye et Nesle, fut saccagé par les troupes du duc de Bourgogne ; il en fut de même pendant quatorze ans ; les villages étaient détruits et la population, réfugiée dans les bois, y était traquée par les soldats ennemis.

1425. — La guerre continuant toujours, la plupart des

forteresses de la Picardie retombèrent dans les mains des Bourguignons.

1465. — Le comte de Charolois, en guerre avec Louis XI, ravagea de nouveau le Santerre ; Solente fut encore pillé et brûlé dans l'année 1472.

1496 à 1499. — Épidémie meurtrière pendant trois ans.

1516. — La ville de Noyon fut choisie pour siége des conférences qui eurent lieu entre les plénipotentiaires de François Ier et ceux de l'archiduc Charles devenu roi d'Espagne.

1523. — L'armée anglaise, commandée par les ducs de Suffolk et de Norfolk, prit la ville de Montdidier, brûla celle de Roye et détruisit les villages environnants ; Solente fut enveloppé dans cette catastrophe.

1552. — Au mois d'octobre, l'armée espagnole, commandée par le comte de Rœux, brûla Chauny, Noyon, Roye, etc., et huit cents villages.

1557. — L'église paroissiale pour Berlancourt, Flavy-le-Meldeux et le Plessis, située au lieu dit les Champs-Palour, fut détruite avec le village du Plessis, par les Espagnols, pendant le siége de Saint-Quentin.

1559. — Le traité signé au Cateau-Cambrésis restitua à la France les villes de Noyon et de Ham.

1653. — Pendant la guerre de la Fronde, et à la suite d'une bataille qui eut lieu vers le bois de Glandon, entre les Français et les troupes espagnoles commandées par le grand Condé ; toutes les maisons de Solente furent détruites, à l'exception de deux. (*Notes hist. de M.G.*)

X. — Église de Guiscard.

L'église, sous le vocable de saint Quentin, patron du Vermandois, est en forme de croix. La nef est la partie la plus ancienne ; elle est éclairée par de petites fenêtres élevées à plein-cintre sans ornements ; on y a ajouté des collatéraux à une époque récente. Le chœur et les bras sont du temps du gothique à pendentifs ; les fenêtres sont formées d'ogives trigéminées. Le chœur est voûté. La corniche extérieure de la nef est supportée par des corbeaux figurés à têtes d'animaux.

Il y a, sous le chœur, un caveau dans lequel est déposé le cœur de Louis de Guiscard.

Le grand-autel à la romaine, érigé en 1864, est remarquable par ses sculptures en pierre. Les vitraux qui ornent le sanctuaire proviennent de l'atelier de M. Levêque, de Beauvais.

La chapelle de la Sainte-Vierge est décorée de boiseries anciennes représentant divers personnages religieux.

Le clocher, que termine une flèche couverte d'ardoises, est placé sur le portail qui est formé d'une ogive romane.

XI. — Arbalétriers et Archers. — Uniforme de la Compagnie de Magny.

Les communes, anciennement obligées de fournir au roi un certain nombre d'hommes pour les assister dans leurs guerres, ont voulu que les habitants s'exerçassent au maniement des armes; ce qui, par succession de temps, a servi aux citoyens pour se rendre capables de faire paraître leur adresse quand il en serait besoin. De là, des compagnies ont été établies en plusieurs villes, et des emplacements ou des jardins leur ont été donnés pour qu'elles s'occupassent à tirer de l'arbalète, de l'arc, et puis après de l'arquebuse et du canon.

Pour convier les habitants de s'addextrer dans ces exercices, on leur a donné des exemptions et priviléges particuliers avec des revenus pour fournir à l'entretien de leurs jardins.

Dès le commencement du XIIe siècle, la capitale de Saint-Quentin fournissait, en 1120, au comte Raoul de Vermandois, une troupe nombreuse pour aller à Reims, se réunir à l'armée du roi Louis-le-Gros, et l'aider à défendre la France menacée d'une invasion de l'empereur d'Allemagne Henri V; quelques années après, en 1132, les milices saint-quentinoises étaient la principale ressource du roi au siège de la ville de La Fère.

Le plus ancien document des archives qui ait rapport à l'organisation des compagnies militaires, est une lettre du 22 août 1416, du roi Charles VI, qui règle l'exécution des statuts des compagnies d'archers et d'arbalétriers.

La compagnie d'arbalétriers avait pour patron saint Job, et celle des archers saint Sébastien. Chaque compagnie avait en outre un connétable, un roi et un prévôt. Le connétable recevait les deniers appartenant à la compagnie et prenait soin de l'entretien de son jardin et de sa maison. Le prévôt veillait à l'observance du règlement, maintenait la justice et faisait payer les amendes.

Le roi était celui qui abattait l'oiseau appelé *geai*, que chaque compagnie avait coutume de tirer tous les ans : les arbalétriers, le premier mardi après Pâques, les archers, le second dimanche après Pâques, faisant faire un service solennel en l'église, de même que le jour de leur fête.

L'empressement pour entrer dans ces compagnies fut d'autant plus grand qu'il fallait, pour être admis, justifier d'une probité et d'une moralité irréprochables, et cette sévérité dans l'admission assura à ces associations un renom légitime d'honneur. Des prix furent fondés, et ils devinrent le motif de réunions et de fêtes magnifiques. D'après les statuts, ces fêtes devaient avoir lieu alternativement dans une ville désignée à l'avance. La ville choisie devenait dépositaire d'un gage d'armes appelé Bouquet, et ce dépôt entraînait l'obligation de rendre le Prix dans un temps limité, et de fournir un nouveau gage d'armes pour le tir suivant.

Lorsque le Bouquet fut rendu par la compagnie de Guiscard, le 16 mai 1864, cinquante-quatre compagnies des villes et communes voisines prirent part à cette fête qui dura un mois. Ces compagnies furent reçues sur la place publique, avec les cérémonies ordinaires, par un détachement des archers, drapeaux et tambours battants.

A 11 heures, toutes les compagnies rassemblées se rendirent à l'église dans le rang qui leur était échu, tambours et musique en tête, pour assister à la messe célébrée en grande pompe, en présence de tout le clergé, des autorités locales, etc.

Après la messe eut lieu la procession, qui présentait un aspect majestueux; dans l'après-midi, chacun eut son hôtel, et à une heure indiquée on se rendit au jeu d'arc pour tirer le Vin du Jardin.

Le caractère distinctif de cette belle fête, c'est que tout se passa cordialement et avec un ordre parfait.

XII. — Compagnie de Magny.

Uniforme : Habit et veste écarlates, revers, collet et culotte noirs, boutons jaunes, bas blancs, chapeau uni, plumet blanc. *(Fêtes de l'Arquebuse.)*

XIII. — Ancienne administration.

Le Vermandois avait à peu près la même étendue que le diocèse de Noyon, duquel dépendaient les paroisses dont la réunion forme aujourd'hui le canton de Guiscard. Elles y étaient ainsi réparties :

Doyenné de Ham : Golancourt, Villeselve.

Doyenné de Nesle : Libermont, Ognolles, Solente.

Doyenné de Noyon : Beaugies, Berlancourt, Bussy, Campagne, Catigny, Crisolles, Flavy-le-Meldeux, Fréniches, Frestoy, Guiscard, Le Plessis, Maucourt, Muirancourt, Quesmy, Sermaize.

Quant à l'administration civile, le territoire était partagé entre deux généralités : Ognolles et Solente dépendaient de l'élection de Péronne, dans la généralité d'Amiens.

Beaugies, Berlancourt, Bussy, Campagne, Catigny, Crisolles, Flavy, Fréniches, Frestoy, Guiscard, Le Plessis, Maucourt, Muirancourt, Quesmy et Sermaize étaient compris dans la subdélégation et l'élection de Noyon, généralité de Soissons.

Golancourt, Libermont et Villeselve appartenaient à la subdélégation de Ham, mêmes élection et généralité.

Relativement à la juridiction, les communes étaient distribuées en trois bailliages, ainsi qu'il suit :

Bailliage de Chauny : Beaugies, Berlancourt, Le Plessis-Patte-d'Oie, Crisolles, Flavy, Fréniches, Golancourt, Villeselve ;

Bailliage de Noyon : Bussy, Campagne, Catigny, Frestoy, Guiscard, Libermont, Maucourt, Muirancourt, Quesmy, Sermaize ;

Bailliage de Roye : Ognolles, Solente.

(On entend par bailliage une étendue de pays soumise à la juridiction d'un bailli. Par l'ordonnance de Philippe-Auguste, le bailli de Vermandois, comme tous les autres baillis, était obligé d'aller tenir ses assises tous les mois dans chaque ville de son bailliage ; et par celle de Philippe IV, de l'an 1302, il lui fut commandé de les tenir au moins de deux mois en deux mois, et à la fin de chaque assise, il devait faire connaître le jour et le lieu où serait faite l'assise suivante. De sorte que le bailli de Vermandois n'avait pas plus que les autres baillis, de siége certain où il fit sa résidence et où il pût faire venir ceux qui étaient de sa juridiction, car il leur était défendu d'attirer les sujets et justiciables d'une châtellénie dans une autre ; ainsi il allait de ville en ville, à l'instar des commissaires appelés *Missi Dominici*, dans les Capitulaires de Charlemagne.)

Lorsqu'on organisa l'administration départementale, en 1790, les communes du canton actuel de Guiscard furent attribuées au district de Noyon, et réparties ainsi qu'il suit, entre deux cantons :

Canton de Beaulieu : Campagne, Catigny, Bussy, Frestoy, Libermont, Ognolles, Sermaize, Solente.

Canton de Guiscard : Beaugies, Berlancourt, Crisolles, Flavy, Fréniches, Golancourt, Guiscard, Le Plessis, Maucourt, Muirancourt, Quesmy, Villeselve.

L'arrêté du 23 vendémiaire an x, qui réduisit à trente-cinq les soixante-seize justices de paix du département de l'Oise, supprima les cantons de Beaulieu et de Guiscard, et en créa un autre à Frestoy, qui comprit tout le canton actuel de Guiscard, et en outre les communes d'Amy, Avricourt, Beaulieu, Candor, Ecuvilly, Margny-aux-Cerises.

Un second arrêté, daté du 3 ventôse suivant, transporta le chef-lieu de ce nouveau canton à Guiscard. Il en retira les six dernières communes qui furent attribuées au canton de Lassigny, et il ajouta par échange celles d'Appilly, Babœuf, Beaurains, Grandrû et Mondescourt, dépendant du canton de Noyon.

Enfin, un dernier arrêté, rendu le 26 ventôse an ii, restitua ces cinq communes au canton de Noyon ; et depuis lors, la circonscription de celui de Guiscard n'a éprouvé aucune modification.

XIV. — **TABLEAU** des mesures qui étaient en usage dans le canton de Guiscard avant l'adoption du système décimal.

MESURES AGRAIRES.

Anciennes mesures.		Nouvelles mesures.
Arpent forestier de 100 perches, perche de 22 pieds.	En usage à Beaugies, Bussy, Campagne, Catigny, Crisolles, Frestoy, Guiscard, Libermont, Maucourt, Muirancourt, Ognoles, Le Plessis, Quesmy, Sermaize, Solente.	51 ares 07,20
Setier de Vermandois de 80 perches, perche ou verge de 20 pieds.	En usage à Berlancourt, Flavy, Golancourt, Villeselve.	34 ares 33,17
Journel de 100 verges, verge de 28 pieds, pied de 10 pouces 2/3. (Mesure de Roye.)	En usage à Fréniches, Solente.	65 ares 36,55

Anciennes mesures.	MESURES POUR LES BOIS.	Nouvelles mesures.
Corde de 8 pieds sur 4, bois de 4 pieds. Somme ou demi-corde de 4 pieds.	En usage à Beaugies, Berlancourt, Crisolles, Flavy, Fréniches, Golancourt, Guiscard, Maucourt, Muirancourt, Le Plessis, Quesmy, Villeselve.	4 stères 38,75
Corde de 8 pieds sur 4, bois de 4 pieds 4 pouces.	En usage à Bussy, Campagne, Catigny, Frestoy, Libermont, Ognoles, Sermaize, Solente.	4 stères 75,31

MESURE POUR LES LIQUIDES.

Anciennes mesures.		Nouvelles mesures.
Muid de Noyon de 34 veltes, velte de 8 pintes 1/3.	En usage dans tout le canton.	2 hectol. 48,35

MESURES POUR LES GRAINS.

Anciennes mesures.	1° POUR LE BLÉ.	Nouvelles mesures.
Muid de Noyon de 8 setiers, sac de 3 setiers, setier de 2 mancauts, mancaut de 2 quartiers, quartier de 4 boisseaux.	En usage à Beaugies, Berlancourt, Bussy, Campagne, Catigny, Flavy, Frestoy, Fréniches, Guiscard, Le Plessis, Maucourt, Quesmy, Muirancourt, Crisolles, Sermaize.	Muid : 4 h 80 Sac : 1 h 80 Setier : 0 h 60
Setier de Ham. (Mesure de Péronne)	En usage à Flavy, Villeselve, Golancourt, Le Plessis, Berlancourt.	0 h 43,70
Setier de Nesle. (Mesure de Royé.)	En usage à Libermont, Ognolles, Solente, Fréniches.	0 h 46,10

	2° POUR L'AVOINE.	
Sac de Noyon de 3 setiers, setier de 4 mancauts.	En usage à Beaugies, Berlancourt, Bussy, Campagne, Catigny, Crisolles, Flavy, Frestoy, Fréniches, Golancourt, Guiscard, Le Plessis, Maucourt, Quesmy, Muirancourt, Sermaize, Villeselve.	Sac : 4 h 24,22 Setier : 1 h 41,41
Setier de 2 mancauts. (Mesure de Roye.)	En usage à Ognolles, Solente.	0 h 78,78

DEUXIÈME PARTIE

GUISCARD MODERNE

I. — Situation.

Guiscard, chef-lieu de canton, arrondissement de Compiègne (Oise), est au centre de son territoire, sur les deux côtés de la Verse. Ce bourg est formé de deux rues principales se croisant à angle droit, traversées par la grande route impériale de Paris à Saint-Quentin, et par l'ancienne route de Nesle à Chauny.

HAMEAUX ET ÉCARTS.

Tirlancourt, au Nord-Ouest; Béthencourt, Rouvrel, au Nord de Tirlancourt; Beines, au Nord-Est; Boutavent, écart au Sud de Beines; Bois-Bonnard, Buchoire, à l'Est de Guiscard, sur la Verse; Gangies, écart, dans la vallée, au Sud-Ouest.

II. — Bornes.

Ses bornes sont :
Au Nord, Berlancourt;
A l'Est, Beaugies, Villeselve;
Au Sud, Quesmy, Crisolles;
A l'Ouest, Muirancourt, Fréniches.

III. — Contenance du territoire.

2,037 hectares 18,35.

IV. — Population.

Le nombre de ses habitants dé 1,607.

V. — Cours d'eau.

La plupart portent le nom de Verse, et leur réunion forme la rivière qu'on appelle aussi Verse, qui se dirige vers Noyon.

Cette rivière a deux branches principales : l'une, nommée quelquefois la Marguerite, prend naissance sur les coteaux de Guivry (Aisne), d'où elle descend vers l'Ouest, en passant près de Beines, dans le village de Berlancourt, et au nord du bourg de Guiscard, au-dessous duquel elle rejoint la seconde branche.

Celle-ci, qu'on a nommée successivement Verse, naît de plusieurs sources qui descendent des coteaux de Beaugies et se rejoignent vers la ferme de l'Etang-de-Bœuf. Elle court aussi vers l'Ouest en passant par Buchoire et en traversant Guiscard ; elle reçoit divers affluents sur sa rive gauche.

Le ruisseau ou fossé de Maucourt, venant du bois du Grand Carré, se réunit à la Verse vis-à-vis le bois de la Garenne.

Un autre ruisseau, descendant du bois de la Cave, traverse les Etangs de Quesmy et rejoint, dans le hameau de Buchoire, la rivière qui, après cette jonction, prend plus spécialement le nom de Volge, et qui, après s'être réunie à la Marguerite, entre Guiscard et Béthencourt, reçoit définitivement la dénomination de Verse ou de Versette (Versa).

A partir de ce point, la rivière se dirige vers le Sud-Ouest, en passant entre Muirancourt et Manencourt, puis dans le village de Bussy, après lequel elle entre dans le canton de Noyon. Son trajet direct, depuis Béthencourt jusqu'à la limite, est d'environ six mille trois cents mètres.

VI. — Nature du sol.

Guiscard repose sur le calcaire crayeux ; mais cette roche elle-même ne se montre au jour que sur un certain nombre de points. On la voit à la surface du sol, dans la vallée de la Verse, en face du château de Guiscard, au lieu dit le Manége. La tranchée ouverte il y a une trentaine d'années pour l'exploitation d'un four à chaux, a montré de haut en bas une couche de fragments crayeux mêlés dans une marne argileuse, puis une roche jaunâtre fendillée, dont les faces étaient couvertes de dentrites.

Le calcaire crayeux existe à douze mètres environ sous le sable, à l'ancien four à chaux. On le rencontre encore à dix mètres au-dessous de la tuilerie et au bord de la grande route de Noyon.

Il y a trente-trois années, dans le vallon entre Guiscard et l'usine, une autre exploitation montrait sous une argile brune sèche, du sable argileux rubanné, mêlé de grains noirs, contenant des nodules ou des boules de fer oxidé.

Les lits de marne sont placés pour la plupart sur la déclivité des coteaux ; cette substance ne forme pas une couche continue ; elle constitue plutôt des amas épars dans le sable. Un dépôt de ce genre existe au-dessous des moulins, à l'Est de Guiscard. On y voit, de haut en bas, sous la terre végétale, une argile diluvienne fauve, puis une couche calcaire fragmentaire qui ressemble, au premier aspect, à de la craie blanche, et au-dessous une autre couche un peu argileuse de nuance verdâtre.

L'argile forme avec le sable des couches alternantes, qui se montrent au jour dans les terrains en pente. Les environs du hameau de Tirlancourt montrent en beaucoup de points des couches d'argile grasse, mêlée de gris et de jaune.

Il y a un dépôt plus considérable à l'entrée méridionale du bourg de Guiscard ; les excavations pratiquées il y a quelques années pour alimenter une tuilerie, laissent voir en descendant une argile grise jaunâtre, tenace, à la surface du sol, ayant une puissance de deux mètres.

VII. — Régne végétal.

Par suite des défrichements sur divers points du territoire de Guiscard, il ne reste plus qu'un petit nombre de bosquets sur lesquels le chêne, le bouleau, le coudrier et le charme sont les essences dominantes ; après celles-ci, le hêtre, l'orme et très peu de châtaigniers. Tous ces petits bois sont riches en plantes de la famille des hépatiques et en champignons. La distribution y suit très distinctement la nature physique du terrain.

VIII. — Règne animal.

Le loup, commun autrefois, en a été chassé par les défrichements. Le renard et le blaireau sont les principaux mammifères qu'on rencontre à l'état naturel ; encore sont-ils peu abondants. On voit aussi comme par hasard quelques chevreuils échappés.

Le cygne sauvage, la cigogne, la grue, se montrent quelquefois.

L'orvet, que l'on appelle éclame, est fort commun. La couleuvre à collier n'est pas rare ainsi que le lézard gris.

IX. — Population de 1720 à 1865.

On expose comme il suit l'état numérique de la population de Guiscard, à sept époques différentes, depuis l'année 1720. Les documents sont le résultat de recensements administratifs.

Années : 1720, 792 habitants ; 1791, 1,440 habitants ; 1806, 1,251 habitants ; 1821, 1,354 habitants ; 1826, 1,344 habitants ; 1831, 1,580 habitants ; 1865, 1,607 habitants.

La population est formée en général d'individus de taille moyenne et bien prise, à membres bien conformés, à visage plutôt ovale qu'arrondi, à physionomie animée et intelligente. Les affections rhumatismales, qui sont assez communes, ont leur cause évidente dans la température trop humide du pays ; on voit aussi quelques scrophules dus à la même cause. La vie dure longtemps, et il n'y a guère de village aux alentours où l'on ne rencontre quelques octogénaires.

X. — Mœurs, instruction, etc.

Le chef-lieu du canton de Guiscard, qui s'est beaucoup

accru depuis un demi-siècle, et qui passe en ce moment des usages ruraux aux habitudes urbaines, exerce quelque influence morale sur les communes voisines. La population a reçu dans ce bourg, comme dans le reste du canton, une notable amélioration de la division des propriétés, suite et résultat de la révolution de 1789. Un grand nombre de parcelles ont été partagées, le produit a répandu quelque bien-être sur la classe inférieure de la société, et lui a inspiré les sentiments d'ordre, d'économie et de travail qui animent toujours la moyenne et la petite propriété : ceux qui possèdent, épargnent pour étendre leur domaine ; ceux qui n'ont rien, travaillent et vivent sobrement pour gagner les moyens d'acquérir quelques portions du territoire.

Le patois picard se parle encore ; mais l'usage de la langue française a pénétré partout. Les hommes s'expriment en français, tandis que les femmes, surtout les ouvrières, emploient encore l'ancien langage.

Il y a, à Guiscard, une compagnie de l'arc qui tire des prix et fait assaut avec les communes voisines. (Voir à la 1re partie, page 13, arbalétriers et archers du Vermandois).

Guiscard entretient deux écoles primaires, une pour les garçons et l'autre pour les filles. Il y a, en outre, une salle d'asile pour les jeunes enfants.

XI. — Agriculture.

Mode de culture. Les terres labourables sont cultivées à la charrue ; la petite culture comprend au plus un trentième du sol.

Le sol, couche superficielle que retourne la charrue, est très-divisé. Les exploitations principales sont celles de MM. Duhavay, Mouillet, Despré, Lelombe, Lecus et Mme Martine.

Assolements, labours, etc. — On entend par assolement la manière dont les plantes sont réparties dans le courant d'une même année sur les différentes soles ou parties d'une exploitation ; ici, l'assolement triennal est toujours usité.

La rotation de la culture est ainsi établie : 1° jachère, blé, et avoine ou orge ; 2° blé, avoine, et trèfle semé dans l'avoine ou orge précédentes ; 3° fourrage légumineux, blé ou seigle, et avoine ou orge.

Les jachères ont diminué depuis un bon nombre d'années par la propagation des prairies artificielles.

Une charrue fait valoir 30 à 40 hectares, terme moyen.

L'usage de cultiver avec des bœufs a existé autrefois, ce qu'il est aisé d'expliquer par la quantité de terres fortes ; mais on ne connaît pas l'époque précise à laquelle les chevaux ont remplacé généralement les bœufs.

Engrais. — Le fumier, qui est l'engrais principal, est employé sur toutes les terres, dans la proportion de 20 à 30 chariots ou voitures à quatre chevaux par hectare ; les terres humides réclament le maximum de cette quantité. Le fumier de vaches convient mieux aux sols arides, et celui de moutons aux terres trop mouillées.

L'emploi de la marne n'est pas général, quoi qu'il soit connu partout. On distingue deux espèces de marne : la dure, qui est de la craie blanche. Cette espèce est la meilleure, parce qu'elle absorbe l'humidité en même temps qu'elle divise le sol : on la répand dans la proportion de vingt mètres cubes par hectare. La seconde espèce, qu'on appelle marne grasse, consiste dans les lits ou amas de calcaire lacustre qui accompagnent les cendrières ou qu'on rencontre isolés sur les pentes des coteaux. Cette substance, mêlée d'argile, n'absorbe pas l'eau, ou n'en absorbe pas autant que la craie ; aussi l'emploie-t-on dans une proportion d'un tiers plus forte : on en met de 28 à 30 mètres par hectare.

Le parcage des moutons est usité de préférence dans les terres légères, et principalement sur les défrichés de trèfle qui doivent être ensemencés en blé. On pense qu'il faut dix nuits d'un troupeau de quatre cents bêtes pour parquer convenablement un hectare.

Semailles, moissons, etc. — Le blé, le seigle, l'orge d'hiver, le lentillon, sont semés dans le mois d'octobre. On ensemence, à la fin de mars ou au commencement d'avril, l'orge d'été, la féverolle et le trèfle. L'avoine est semée du 1er au 25 avril. La betterave, la bisaille, la vesce, en avril et mai, et le colza à la fin de juillet.

Le seigle fleurit au commencement de juin, ainsi que

la vesce d'hiver, le blé, du 10 au 15 juin, les féverolles et fourrages dans le mois de juillet, l'avoine vers le 15 juillet.

La récolte a lieu, pour le seigle, du 10 au 25 juillet ; pour le froment, du 20 juillet au 10 août ; pour l'orge et l'avoine, dans la dernière quinzaine d'août.

Les vesces d'hiver sont coupées au commencement de juillet, les fourrages en même temps que l'avoine, et les féverolles du 1er au 15 septembre.

La première coupe des trèfles a lieu vers la mi-juin, et la seconde du 20 août au 10 septembre.

Menus grains. — On cultive, pour la nourriture de l'homme, le pois, la fève, le haricot. On distingue plusieurs variétés de haricots, telles que les gros pieds ou lingots, les flageolets, les ronds et plats, les blancs, les rouges, les nains, etc.; ces plantes forment l'espèce principale dans les jardins.

La lentille est peu répandue. Les menus grains cultivés comme fourrage sont le lentillon, la vesce, le pois d'hiver et la féverolle.

Pommes de terre. — Cette plante paraît avoir été introduite, à Guiscard, il y a quatre-vingt-trois ans. La disette de 1812 et ensuite celle de 1817, donnèrent une forte impulsion à sa culture ; on a remarqué que la pomme de terre avait été surtout propagée par des militaires revenus dans leurs foyers. On la cultive maintenant partout. Elle exige, avant la plantation, deux labours à la charrue et plusieurs hersages ; on plante à la bêche, on bine deux fois et l'on a soin de butter les jeunes plants. On cultive surtout les variétés dites jaune - longue, cornichon, blanche-ronde, et rouge qu'on appelle ici parisienne.

XII. — Autres Cultures.

La betterave est multipliée au moyen de graines qu'elle produit dans le pays. On la sème en avril et mai ; elle est transplantée au mois de mars de l'année suivante ; elle fleurit en mai et la récolte a lieu aux mois d'octobre et de novembre. On emploie de treize à quinze kilogrammes de semences pour un hectare qui rapporte, terme moyen, mille kilogrammes de graines et vingt-deux à vingt-trois mille de racines. Cette culture réussit bien à Guiscard, où elle s'est propagée; sa durée est subordonnée sans doute aux deux établissements industriels qu'elle alimente chaque année (MM. Lecus et Vilin.)

On cultive le gros navet; le colza est peu répandu, ainsi que la navette, la cameline et l'œillette.

Arbres fruitiers. — La culture des arbres à cidre est une des principales ressources de Guiscard; ces arbres y sont très nombreux; ils bordent les chemins, forment des terres labourables et garnissent la plupart des enclos.

XIII. — Industrie.

Il n'y a pas de carrière de pierre de taille sur le territoire de Guiscard, mais on y rencontre plusieurs briqueteries pour les constructions. Les principales sont celles de MM. Cardon (Jules), Dallongeville (Victor), Lecuyer (Alphonse), Gouge-Bremard et Pointier.

On trouve aussi quatre sablonnières : les deux plus fortes sont celles de MM. Lequeux et Pointier.

Fours à chaux. — Un atelier de ce genre existe depuis longtemps à Guiscard; il est alimenté avec de la craie qu'on tirait autrefois par des puits et qui est extraite aujourd'hui dans des galeries à vingt mètres au-dessous d'un massif de sable. Cet atelier appartient à M. Lequeux.

Un second four à chaux a été établi dans le bourg par M. Hinkellrin.

Tuileries. — On ne trouve, à Guiscard, qu'une seule tuilerie qui date de 1787. Les incendies fréquents engagèrent l'autorité à encourager leur formation. Des recherches commencèrent sur différents points, et un fabricant rencontra bientôt auprès de Guiscard une argile qu'il jugea propre à la fabrication des tuiles.

L'atelier de M. Nazet fabrique non-seulement des tuiles, mais encore des tuyaux pour le drainage.

Sucrerie. — MM. Lecus et Vilin ont établi, chacun et séparément, une fabrique de sucre de betteraves. La première est située à Guiscard; la seconde au hameau de Buchoire. Ces deux fabriques ont fait cultiver en grand la betterave, et elles emploient, tant à cette culture qu'à la fabrication, plus de quatre cents ouvriers.

Il y a, en outre, une distillerie alcoolique au hameau de Beines.

XIV. — Commerce.

Les matériaux et produits de diverses natures importés dans le bourg de Guiscard, comprennent des pierres de construction, des tuiles, des ardoises, des bestiaux, des vins, des liqueurs spiritueuses, de la bière, du tabac, du bois, des objets de ménage et de vêtements, etc.

L'exportation se compose de grains, cidre, fourrages, vaches, moutons, porcs et volailles, légumes, sucre et mélasse, etc.

XV. — Marchés.

Les lettres-patentes du 20 avril 1705, qui instituèrent le marquisat de Guiscard, instituèrent aussi dans ce bourg une foire d'un jour, les 15 mai et 15 octobre de chaque année, un marché-franc le dernier lundi de chaque mois, et un marché ordinaire tous les lundis. Il ne reste aujourd'hui, de ces établissements, que le marché qui a toujours lieu le vendredi de chaque semaine (Vente de légumes, fruits, volailles, fromages, œufs, beurre, viande de boucherie, bonneterie, mercerie, etc.

(Statistique de Guiscard.)

XVI. — Organisation administrative.

Conseiller général du département de l'Oise, M. Hubert, maire de Guiscard.

Conseiller de l'arrondissement de Compiègne, M. Dubail.

MAIRIE DE GUISCARD.

M. Hubert, maire.
M. Dermigny, adjoint.

Conseil municipal : MM. Dubail, Grandsire, Courtois, Pingeot, Fontaine, Adrien, Vilin, Chevalier, Hue, Leroy, Despré, Lecns, Caillaud, Soyer.

XVII. — Division ecclésiastique.

Doyenné de Guiscard. — Une cure, treize succursales et cinq églises sans titre.
Doyen : M. Hauleville, curé.

XVIII. — Division judiciaire.

La justice est rendue, dans le canton de Guiscard, par M. Poitevin, juge de paix. — M. Fontaine, greffier.

XIX. — Notaires : MM. Courtois et Dermigny.
Huissier : M. Visbecq.

XX. — Instruction publique.

Instituteur public : M. Goberville.
Institutrice : Mlle Delahaye, sœur du Sacré-Cœur.
Salle d'asile : Sœur Marie-Paterne.

XXI. — Gendarmerie.

Brigade à cheval de Guiscard : M. Roisin, brigadier.
Gendarmes : MM. Leclerc, Bequet, Ledran, Burnet.

XXII. — Contributions directes.

Perception de Guiscard : M. Prince. (Guiscard, Berlancourt, Flavy-le-Meldeux, Golancourt, Le Plessis-Patte-d'Oie, Villeselve).

XXIII. — Contributions indirectes.

Recette ambulante : M. Servant, receveur à pied, à Guiscard. — M. Lucette, commis principal.

XXIV. — Service des sucres.

MM. Boué, chef de service à Guiscard ; Litschgy, commis ; Pollenne, préposé.

BUCHOIRE.

MM. Jaillot, chef de service ; Dissez, commis ; Lemoigno, préposé.

XXV. — Direction de l'enregistrement et des domaines.

Receveur : M. Caumartin, à Guiscard.

XXVI. — Bureau de poste de Guiscard.

Directrice : Mme Nobécourt.

XXVII. — Art de guérir.

Canton de Guiscard : MM. Caillaud, docteur en médecine ; Soyer, officier de santé ; Mme Desmarest, sage-femme ; M. Sorbon, pharmacien.

XXVIII. — Hygiène publique et Salubrité.

Commission cantonale : MM. Hubert, conseiller général et maire, président ; Poitevin, juge de paix du canton ; Hauleville, curé-doyen ; Goberville, instituteur ; Caillaud, docteur en médecine ; Soyer, officier de santé ; Douvillé, ex-pharmacien.

XXIX. — Art vétérinaire.

M. Paco ux, vétérinaire à Guiscard.

XXX. — Bureau de bienfaisance de Guiscard.

MM. Hubert, conseiller général et maire, président; Poitevin, juge de paix; Hauleville, curé-doyen; Coutant, Dubail et Lecus.

XXXI. — Sapeurs-Pompiers de Guiscard.

Capitaine, M. Lecus; lieutenant, M. Hardier; sergent-major, M. Cardon (Jules). — 32 pompiers.

XXXII. — Visite des fours et cheminées.

Agent cantonal, M. Cardon (Jules).

XXXIII. — Gardes champêtres.

MM. Picard, Baheux, Janot.

XXXIV. — Compagnie d'archers.

Capitaine, M. Lamaire (Victor) père; lieutenant, M. Lamaire (Louis); sous-lieutenant, M. Lamaire fils; porte-drapeau, M. Vaillant (Frédéric); greffier, M. Lamaire-Dhamet.

XXXV. — Liste des Négociants et Marchands de Guiscard.

Architecte : MM. Fontaine.
Aubergistes : Paillet, Boré, Dreux, Drouville, veuve Lonc, Beaudoin.
Bouchers : Borré, Labarre (Victor), Labarre (Amédée).

Boulangers : Trousselle, Sauvan, Remy.
Bourreliers : Brehon, Grandsire.
Briques (fabricants de) : Cardon (Jules), Dallongeville, Lecuyer (Alphonse), Gouge, Pointier.
Casquettes (marchands de) : Paquet, Babeux.
Charcutiers : Jérôme, Vincent.
Charpentiers : Richard, Dagnaux, François.
Charrons : Boileau, Leroux, Herbet, Lavoine.
Chaudronniers et ferblantiers : Dhauty, Cadet, Epinasse.
Chaux (fabricants de) : Lequeux, Hinkellrin.
Coiffeurs : Serpette, Paquet.
Cordier : Vinchon.
Cordonniers : Giot, Taupin aîné, Taupin (Constant), Delvigne.
Couvreurs en ardoises : Carpentier, Bernier.
Débitant de tabac : Giot.
Distillateurs : Dehavay, Despré.
Entrepreneurs de bâtiments : Cardon (Jules), Cardon (Edouard), Dhôtel, Gouge.
Epiciers : Carlier, Giot, Verlon, Fontaine, Lefort, veuve Cliquet, Lequeux, Delcove; Beaudoin, à Buchoire; Lemoine, à Beines.
Equarrisseurs : Daussy.
Fer, quincaillerie et serrurerie : Corbie.
Fromages et légumes : Boutroye, Henne.
Géomètre : Bourquignon.
Horlogers : Boré, Demare.
Maréchaux-ferrants : Remy, Boulnois.
Menuisiers : Hardier, Gay.
Meunier : Capaumont.
Modes et lingerie : Mmes veuve Lequeux, Boré, Potier, Rolenne.
Nouveautés : Fontaine, Dubois.
Peintres : Delcove, Binant, Terteaux.
Sucre (fabricants de): Lecus, Vilin et Ce.
Tailleurs : Gay, Carpentier.
Tonneliers : Perot, Debray.
Tourneurs : Doucet, François.
Vannier : Henne.

XXXIV. — Communes du canton de Guiscard.

NOMS	Popul.	TERRES labourables	DISTANCE de Guiscard	BUREAU de Poste.
Beaugies	193h	391h 34a	5k	Guiscard.
Berlancourt	342	712 05	3	id.
Bussy	240	387 88	7	id.
Campagne	142	450 96	7	id.
Catigny	314	668 32	9	Beaulieu.
Crisolles	527	1053 66	6	Guiscard.
Flavy	370	314 63	5	id.
Fréniches	445	596 80	5	id.
Frestoy	364	500 56	6	id.
Golancourt	468	412 74	6	id.
Le Plessis	191	282 67	3	id.
Libermont	416	1135 85	8	id.
Maucourt	146	311 28	3	id.
Muirancourt	477	504 58	5	id.
Ognolles	427	666 40	14	Beaulieu.
Quesmy	181	482 93	3	Guiscard,
Sermaize	206	504 47	9	id.
Solente	230	306 16	16	Beaulieu.
Villeselve	665	690 02	6	Guiscard,

TABLE DES MATIÈRES.